ta Conservateur

LES

RÉPUBLICAINS LIBÉRAUX

DU 5e ARRONDISSEMENT

1896

Notes d'un indépendant
à un souscripteur.

LYON, 31 DÉCEMBRE 1896

RÉPUBLICAINS LIBÉRAUX

« *Républicains Libéraux* », tel est le titre actuellement admis, dans tout le pays, pour désigner les partisans de la politique nettement républicaine et progressiste mais modérée.

C'est une des quatre classifications de l'opinion républicaine : Socialistes, Radicaux, Opportunistes, Libéraux.

Il y a, à Lyon, un comité républicain libéral dans chaque arrondissement.

Comité du 5ᵉ Arrᵗ.

Au comité du cinquième arrondissement les réunions sont intéressantes et actives. Le président met à les diriger un grand dévouement ; les membres du bureau font preuve d'un zèle très vif et d'une réelle initiative, et les auditeurs y apportent de l'action.

Les Républicains Libéraux du 5ᵉ sont tenaces, énergiques et convaincus. Ils n'ont rien de solennel ; ils sont sans façon, plaisants et gais, comme les anciens Gaulois.

A Vaise.

Cette activité louable s'étend spécialement sur Saint-Just, qui a été le départ de l'organisation, sur les quartiers Saint-Jean et autres du bas et du centre. Mais, à Vaise, il y a une ombre au tableau.

Dans les réunions, dans les rapports, la représentation de ce quartier n'existe pas encore assez. Le terrain, il est vrai, est aride. La localité renferme beaucoup d'usines, et, par suite, comporte un personnel flottant. Puis, le bloc conservateur d'autrefois est divisé, depuis deux ou trois années, en deux parties : — l'une vouée au succès d'une personnalité jusqu'ici florissante ; — l'autre, s'avouant libérale, mais refusant avec précaution tout signe extérieur de Libéralisme, par crainte de faire partie d'une organisation qui, nécessairement, pourrait être considérée comme plus ou moins opposée à l'autre. Dans l'intimité du tête-à-tête on appuie les Républicains Libéraux, on les encourage, on souscrit pour eux ; mais sous la réserve expresse que ça ne se saura pas.

Dans le cours de l'année.

Le comité républicain libéral du 5e, après avoir longtemps tenu ses réunions salle Jaboulay, à Saint-Just, descendit et se fixa dans la salle du café Vernier. L'endroit était mieux à la portée de tous.

Là, tous les quinze jours, séance assez vivante, et sans façon de parole ni de pose. On fume, on boit. Celui-ci est à cheval sur une chaise ; celui-là raconte à ses voisins une historiette, qui ne sera probablement pas destinée à l'affichage.

Ce mode de discuter, familial, amical, au milieu de la fumée et des verres, a du bon. Il laisse mieux sortir tout ce que l'on pense, et il favorise souvent les inspirations. C'est une véritable causerie où chacun expose, avec franchise, ses vues et ses idées.

Ces travaux de comité, dans le cours de l'année, sont toujours les mêmes : organisation de sections, enrôlement de membres, recherche de collaborateurs résolus, appel au dévouement et au sacrifice de temps, d'argent, de famille, etc. Car les adhérents sont, pour la plupart, de petits commerçants, des boutiquiers, des ouvriers qui, fatigués après une journée bien employée, prélèvent sur leur sommeil quelques heures pour venir causer avec leurs camarades de leurs intérêts communs ou des besoins de leurs quartiers. — Que de choses à vaincre ! Que de dévouement pour s'arracher à un repos bien gagné ou pour amener les amis à venir s'occuper du bien de tous! Ah! que ceux qui n'ont pas été témoins de tant d'efforts sachent bien qu'on a travaillé pour eux. Et que ceux qui se sont abstenus reviennent à meilleure collaboration.

Les Candidats

Trouver des candidats qui acceptent est toujours la chose difficile. C'est le plus ingrat dans toutes les campagnes électorales. En général le parti modéré manque de candidats. Pourquoi donc, puisque, plus que tous les autres ou, tout au moins, autant, il compte des hommes capables, intelligents, dévoués? C'est que les uns ont peur de se mettre en avant et de faire du bruit, et que les autres n'ont pas le temps de courir les réunions publiques. Tous ne demandent qu'à travailler, mais l'ambition personnelle n'est pas leur fait.

A cette difficulté habituelle s'en joignait une autre, toute spéciale à ces élections de mai dernier. Comment va s'exécuter la convention passée avec le comité des « Républicains du cinquième »?

Tout le monde sait aujourd'hui dans le 5e arrondissement qu'en 1893, entre le premier et le deuxième tour, une convention (1) fut faite entre les deux comités, d'après laquelle, en

---

(1) Après la publicité donnée à ce document, d'abord en mars dernier, par une feuille autographiée qui en reproduisait un texte à peu près; ensuite en septembre, par une lettre-circulaire qui en donnait une longue traduction, ce n'est plus aujourd'hui une divulgation. Le voici :

Les citoyens présents chez M. Atuyer, ce 31 août 1893, dont les noms suivent :

M. Bonnel, président de la Commission électorale du Comité des Républicains du 5e arrondissement;

M. Febvre (Victor), vice-président de la même commission;

M. Auclére (J.-L.), président du Comité Républicain Libéral du 5e arrondissement;

M. Gaillard, vice-président du même comité;

M. Atuyer, membre du même comité;

échange du désistement de leur candidat à la députation, les Républicains Libéraux devaient avoir, au prochain renouvellement du Conseil municipal, quatre des leurs sur une liste adoptée en commun.

C'est pourquoi, au commencement d'avril, les délégués des Républicains Libéraux cherchèrent à aborder les mandataires des « Républicains du 5ᵉ. » Après de persistantes démarches ils parvinrent à s'aboucher avec eux. Ceux-ci, mis en présence de l'engagement, objectèrent que, pour plusieurs motifs, une liste à deux n'était guère possible; qu'en tous cas ce serait bien gênant; et qu'enfin, pour tout dire, le suffrage universel ne voulait pas des Républicains Libéraux.

De nouvelles instances furent inutilement faites. Il fallut se retirer.

Voilà donc les Libéraux réduits à leurs seules forces. Ils se remettent à l'œuvre, pour trouver cinq autres noms, et faire une liste entière.

Une organisation existait, sur un terrain plus particulièrement démocratique et religieux, l'Union Nationale. On entra en pourparler pour savoir si, tout en ayant une existence distincte, on

---

Ont pris les résolutions suivantes, qu'ils s'engagent sur l'honneur à poursuivre intégralement, chacun en ce qui le concerne :

1º M. Hippolyte La Selve, ni aucun autre candidat ne sera présenté au scrutin de ballotage du 3 septembre par le Comité des Républicains Libéraux du 5ᵉ arrondissement;

2º A la première vacance d'un siège de conseiller général dans le 6ᵉ canton, les voix du Comité des Républicains du 5ᵉ arrondissement se porteront sur le candidat qui sera désigné par le Comité Libéral;

3º Au prochain renouvellement du Conseil municipal, les deux comités, après entente préalable, adopteront une liste commune de candidats, dont 4 seront présentés par le Comité Libéral et 5 par le Comité des Républicains du 5ᵉ arrondissement.

Le présent accord fut, séance tenante, fait en double et, en présence des deux présidents, fermé sous pli et cacheté. Chacun en prit un et l'emporta chez lui.

Le désistement du candidat libéral, le maintien du candidat socialiste : ces deux faits se produisirent en même temps et eurent le résultat qu'on sait.

pourrait collaborer à l'œuvre électorale, sachant bien que toute action isolée ne produit pas de résultats. L'Union Nationale promit sa collaboration, et apporta deux noms à la liste.

Les Conférences.

Après la formation d'une liste, il reste à soumettre au public les candidats, pour qu'il puisse les connaitre, entendre leurs explications et leur poser des questions.

C'est ici que le vrai dévouement commence. Ce n'est plus le sacrifice d'une pièce de monnaie ou d'une démarche qu'il faut faire ; il faut payer de sa personne. Chaque soir, pendant quinze jours consécutifs, dans tous les quartiers de la circonscription, être exposé physiquement et moralement, à la sympathie de quelques-uns, à la suspicion de ceux-ci, à l'hostilité de ceux-là. Fatigues morales, fatigues physiques, généralement ignorées du grand nombre, et quelquefois mal interprétées par quelques-uns.

Aux derniers jours eut lieu la grande réunion du Casino de Vaise. Réunion privée quant à la forme, mais en réalité publique. Les cartes avaient été répandues partout avec profusion sans distinction aucune de partis. Cette réunion fut faite pour satisfaire l'opinion publique ; mais sans en attendre de grands résultats.

On sait ce que valent ces sortes d'assemblées, où la discussion utile, et les explications franches sont souvent remplacées, dans l'assistance, par des propos plus ou moins hors de la question plus ou moins aimables et quelquefois injurieux.

Beaucoup s'y rendent par curiosité, ou dans l'espoir de quelques scandales : le plus souvent pour donner matière à plaisanterie. Les camarades se disent, à la fin de la journée : « *Où allons nous ce soir ? — A la réunion publique. — Est-ce qu'on rigolera ? — Je te crois ! — Alors, allons-y !* »

En effet, on épie les occasions de faire du tapage. S'il tarde à s'en produire, on en crée : on fait entrer un chien dans la salle, on le cache sous les bancs, et dans les intervalles où le bruit se ralentit, on le pince : l'animal donne alors sa note dans le concert. C'est spirituel et poli.

Dans les mots lancés de tous les points de la salle, il y en a
de bons, de drôles et quelquefois même vengeurs. Un interrupteur
monte à la tribune : il s'explique mal ; ses idées, ses mots sont
à ce point embrouillés qu'on ne devine presque rien de sa pensée :
n'importe, il persiste malgré les rires et l'impatience générale ;
enfin, il s'arrête, il descend. Un membre du bureau se lève alors
pour faire la réplique d'usage : « *Citoyens, dit-il, je crois avoir
compris ce que le précédent orateur...* » — « *Hé bien,*
interrompt quelqu'un du fond de la salle, *si vous avez compris,
vous êtes un malin, vous savez !* »

Le Programme.

Avec une liste de candidats, il faut encore une chose : un
programme. Les électeurs veulent connaître et les sujets et la
doctrine qui va avec eux.

Les candidats, grâce à la collaboration très active de l'un
d'eux, en présentèrent un fort étendu, détaillé, le plus complet
qui ait jamais été soumis aux électeurs. Cette fois, on ne pourra
pas objecter que les Républicains Libéraux ne disent pas assez
ce qu'ils veulent : tout le monde saura, comme on dit, *ce
qu'ils ont dans le ventre.*

Programme d'affaires, d'ailleurs. Et les candidats, ces futurs
exécutants, sont tous gens de besogne et de métier. Ils n'appartiennent pas à la classe des contemplatifs, ni à celle des déclassés
ou des politiciens de profession. Ce sont des travailleurs, des
hommes laborieux qui gagnent leur vie par leurs efforts. Sachant
faire leurs affaires honnêtement, ils sauront faire celle des électeurs.

Les Listes électorales.

Un des travaux du comité fut le relevé de la liste électorale.
Faite plusieurs mois avant les élections, sa mise à jour laissait à
désirer. Elle servit néanmoins.

La liste électorale : avoir tous les électeurs sous la main, rechercher leurs opinions, les atteindre tous individuellement par une ou plusieurs circulaires : c'est presque la propagande du tête-à-tête, c'est l'affichage à domicile.

Les Fonds.

L'ardeur des ouvriers électoraux facilitera toujours la générosité des protecteurs. Quand une action est bien menée, on l'encourage. On aime ce qui va.

Précédemment, la question financière avait été un peu juste. Cette fois, elle fut amplement suffisante.

Tel membre de Saint-Just, de la Favorite ou de l'Antiquaille a remué patiemment tout le sol de sa section et en a fait sortir des petites pièces de toutes parts. Tel autre, assis plus au centre de nos réunions, a opéré d'éloquentes trouées chez de gros bourgeois. Beaucoup se sont privés pour apporter une belle obole. Plusieurs ont mis à contribution leurs amis et connaissances de tous les quartiers, et tous, du premiers au dernier, ont multiplié les efforts pour trouver de l'argent. Ils ont réussi bien mieux qu'ils ne l'espéraient.

Le Premier tour.

C'est avec ces éléments de préparation que fut abordé le premier tour.

A Vaise, faute d'une organisation, le travail se fit entièrement, pour les quatre bureaux, par quelques personnes improvisées et de bonne volonté. Suscriptions d'enveloppes, mise sous plis, triage, paquetage par rue, et distribution à domicile de six mille circulaires.

Distribution également à la porte de chaque bureau de vote. Surveillance pendant le vote et présence au moment du dépouillement, etc.

Premiers résultats.

Rép. Libéraux . . . . 2.710 (moyenne). } 4.123
Rép. du 5ᵉ. . . . . 1.413   —
Radicaux. . . . . 2.070   — } 3.677
Socialistes . . . . 1.607   —

Ces résultats ne sont point mauvais. Les Républicains Libé-raux tiennent la tête sur toutes les listes. — Il est vrai que, il y a quinze jours, des personnes avaient déclaré que le suffrage uni-versel ne voulait plus d'eux.

— « *Hé, tron de l'air, qu'est-ce que ça aurait été s'il en avait voulu!* »

Les Alliances.

Le chiffre des « Républicains du 5ᵉ » est modeste. Il doit y avoir, de ce côté, un peu de déception. Ils ne peuvent arriver seuls ; il faudra se joindre à d'autres.

Les Républicains Libéraux, quoique forts et en progression, ne peuvent être élus seuls. Il faut une alliance.

Au comité, on discuta longuement à ce sujet, et même avec ardeur. Les uns voulaient l'alliance, les autres la repoussaient formellement. Les opposants étaient moins mus par une question d'antipathie que par leur amour du résultat. On se méprend gravement, disaient-ils, sur les résultats de l'alliance. Et, puis, chiffres en mains, on établissait des probabilités : on pesait les voix qui nous viendraient, avec celles qui forcément allaient se détacher ; et il fut reconnu, en termes bien réfléchis et froidement analysés, que les résultats de l'alliance étaient fort aléatoires.

A côté de cette appréciation, qui pouvait être juste, il y avait une considération qui était contre elle, dans le quartier de Vaise tout au moins.

On sait qu'ici beaucoup de modérés appartiennent au comité des « Républicains du 5ᵉ », et qu'ils considèrent comme inop-portun tout comité, toute candidature en dehors de lui. Ils estiment qu'on doit savoir passer sur ses préférences, fermer les yeux sur le programme de 1891 (élection au Conseil général) (1), et voter pour ce qui est acceptable. Autrement, ce serait faire une chose maladroite et coupable, favoriser l'arrivée des Socialistes ; en un mot, contracter de graves responsabilités. — Tel est le langage si souvent entendu, entre l'Homme de la Roche et le ruisseau de Rochecardon.

Dans cet état de choses, il convenait de prévenir les récriminations d'abord (ces éternelles accusations qui n'eussent jamais eu de fin) ; de mettre ensuite au pied du mur les deux raisonnements ou si l'on veut les deux prétentions. — L'alliance fut donc décidée chez les Républicains Libéraux.

Et ils votèrent, en séance, qu'on la ferait dans les proportions que venait de tracer le suffrage universel : c'est-à-dire 6 Libéraux et 3 « Républicains du 5ᵉ ».

Rien de plus juste d'ailleurs. En pareil cas, il n'y a que deux modes usités : la minorité s'efface ; ou elle entre, mais proportionnellement. Autrement, si on subordonnait les chiffres de proportion à l'appétit des comités, jamais on n'aboutirait — D'autre part, nous voyons les Radicaux faire leur liste de fusion avec deux Socialistes seulement. — Enfin, une haute et honorable personnalité politique, dont la compétence et l'autorité ne sauraient être récusées dans le Centre gauche, consultée à ce sujet, avait répondu qu'on pouvait accorder « deux noms » aux « Républicains du 5ᵉ », en cas de fusion.

Mais, suivons les péripéties de l'Alliance, c'est intéressant. Les futurs alliés des Libéraux, — cette notable partie des modérés dont les Républicains Libéraux doivent être, dit-on, le complément rationnel au moment d'une action, sous peine d'être dure-

---

(1) « *Exercer la ferme application des lois scolaires..... Pousser à la confection des lois sur les associations religieuses, afin d'arriver à la séparation des églises et de l'État et, par suite, la suppression du budget des cultes. Appliquer strictement les lois concernant l'enseignement congréganiste, ainsi que la loi relative au droit d'accroissement sur les communautés religieuses.* »

(Extrait du programme de 1891).

ment qualifiés — pour s'allier où vont-ils ? — Ils vont frapper à la porte du comité radical, l'ancien comité de M. Guillaumou...

Là, on ne voulut rien entendre : les négociateurs furent congédiés. — Le Comité des « Républicains du 5e », en allant de ce côté, obéissait sans doute au souffle de l'opinion du moment. Le ministère Bourgeois venait à peine d'être renversé; ses amis prédisaient qu'il allait revenir prochainement au pouvoir, et le Socialisme faisait tant de bruit qu'on en avait peur.

Les Républicains Libéraux, que l'on avait dédaignés avant le premier tour, pour qui ont avait méconnu un engagement d'honneur, qui avant le deuxième tour avaient vu ce Comité mitoyen chercher son orientation du côté des radicaux — sont gens sans ressentiment et sans méchanceté. — Ils veulent l'Alliance quand même.

Or, le temps pressait, il n'y avait plus que cinq jours. Et, comme personne ne bougeait chez les voisins, un délégué se rendit chez eux, et proposa l'Alliance, sur les bases de 6 et 3.

Les « Républicains du 5e » voulaient imposer 5 et 4 (les chiffres de la convention qu'ils avaient déchirée). Il y eut des insistances, des emportements, des manœuvres après les entrevues régulières, en dehors des conciliabules et jusqu'à domicile.

Les Libéraux maintinrent leurs chiffres — Est-ce à la minorité à dicter ses ordres à la majorité? Le Suffrage universel dit quelque chose ou il ne dit rien ; or, dimanche il a parlé : il a dit 6 et 3. Il faut s'en rapporter à lui. Il est juge en la matière.

Bref, les « Républicains du 5e » tinrent les négociations en suspens jusqu'à la dernière heure, si bien qu'il fallût, pour imprimer affiches, circulaires, bulletins et mettre sous plis, la nuit de vendredi soir toute entière.

Avant le 2e tour.

Une telle précipitation ne favorisa pas une bonne besogne. Classer et distribuer 14.000 plis dans la seule journée du samedi. Ce fut une bousculade.

Même préparation que pour le premier tour. Seulement, cette fois, l'Union nationale ne parut pas, ni comme affiches, ni comme bulletins. On en avait décidé ainsi, par déférence pour les nouveaux conjoints. Ce fut une faute.

Les ouvriers de l'Union votent avec leurs bulletins à eux ; ils ne votent pas avec celui d'un autre. Pourquoi ce qui a été fait la première fois, ne peut-il plus se faire la seconde ? Est-ce qu'on se figurait que le public ne se rappellerait plus que l'Union Nationale avait voté ostensiblement avec les Libéraux ? Les « Républicains du 5e » se sentent-ils compromis, si un groupe ayant sa doctrine, ses affiches et ses bulletins à lui, mais n'ayant pas encore des éléments de candidature, adopte une liste rose clair, par crainte du rouge foncé ? Est-ce que s'il avait plû à une fraction dissidente de Socialistes, dans un mouvement de dépit, d'appuyer la liste des Modérés, ceux-ci eussent pû être considérés comme des révolutionnaires ?

Résultats définitifs.

	Moyenne		Moyenne
Rép. Libéraux. . Rép. du 5e . . .	} 3.747	Radicaux. . . . Socialistes . . .	} 4.324

Ce résultat définitif ne correspond pas aux espérances que le succès du 1er tour avait fait naître, et que l'alliance au 2e tour semblait (toujours suivant quelques-uns), devoir réaliser.

Examen des faits.

Le 1er tour avait donné :

Libér.—Un. Nat. .	2.710	Radic.	2.070
Rép. du 5e . . .	1.413	Social.	1.607
	4.123		3.677

Pour que la victoire subsistât, il fallait, c'est clair, que les Modérés marchassent unis sans défection, — et les Avancés sans nouvelles recrues.

Or, le 2ᵉ tour nous donne :

Libér.-Rép. du 5ᵉ. 3.747 | Radic.-Soc. 4.324

C'est donc :

Chez les premiers 376 déserteurs,
Et chez les seconds 647 nouveaux venus.

Les Causes.

— D'où viennent ces désertions chez les uns ?

L'aile gauche des « Républicains du 5ᵉ », en protestation de l'Alliance, a passé aux Radicaux. Elle a, grâce à ses chefs, fait, pour son propre compte et par conviction, le mouvement que le Comité entier se proposait de faire dès le principe.

La rupture éclatante de deux candidats « Républicains du 5ᵉ » mettait le désarroi en faisant afficher sur tous les murs que « *leur Comité était moribond, et qu'avant de disparaître il demandait les secours de l'Eglise.* »

Un placard, apposé partout où se trouvait la liste, et attribuant à un des candidats un qualificatif destiné à lui nuire, achevait le mal dans bien des esprits.

Enfin, on avait dit à l'Union nationale, à voix basse et en levant le couvercle d'une malle : « *Pour cette fois, mettez-vous là dedans.* » Ses bulletins de vote y sont encore. Le dépouillement n'est pas allé les prendre.

— D'où viennent les recrues, chez les autres ?

Pendant que les Modérés se désagrégeaient, les Radicaux-Socialistes se ressaisissaient, battaient le rappel et votaient avec ensemble.

Voter avec ensemble.

Il est regrettable que nous ne sachions pas faire comme nos vainqueurs et voter, nous aussi, avec ensemble.

Le jour du vote les uns sonts absents, les autres ne se dérangent pas, « *Une voix de plus ou de moins*, dit-on, *ne peut rien changer.* » — Et puis, le lendemain, on est tout étonné de ce qui arrive, on gémit, et ce gémissement va, se reproduisant chaque jour, jusqu'aux élections nouvelles, c'est-à-dire pendant quatre ans.

Il y a, dans l'Arrondissement, *cinq mille trois cents personnes qui n'ont pas jugé à propos de voter*

Et dans les quatre Sections de Vaise, sur 6.000 inscrits, il y a 3.300 votants. *La moitié des habitants, ou à peu près, a également jugé inutile de voter.*

Telles sont les étranges constatations que fournit, après chaque journée de vote, le relevé qu'on a eu soin de faire de tous les votants et celui de tous les abstentionnistes.

Le Banquet.

Un banquet, dont le projet avait d'abord rencontré quelques détracteurs, eut lieu le 14 juin, à La Cressonnière. Il réussit à tous les points de vue. Les convives vinrent nombreux; le chiffre, qui avait été arrêté à 110, à cause des dimensions de la salle, fut dépassé ; des tables de supplément, installées dans le jardin, accueillirent les derniers venus.

Il y eut des discours, ainsi qu'on doit le penser. Il y eut aussi de la joie et beaucoup d'entrain. En politique comme en affaires, la jonction des verres fait bien des choses. Entre voisins de table et voisins d'opinions, les bons rapports s'établissent vite et l'enthousiasme ne tarde pas à devenir la note générale.

Félicitations à ceux qui ont eu l'initiative de ce banquet. Ce fut un succès. Plus encore : c'est une fondation.

La nouvelle année.

Cette année 1897 va être la préparation aux élections lég
latives.

Nouveau travail incombant aux comités; nouvelle collabo
tion demandée aux citoyens.

Les comités sont connus. A chacun de choisir celui qu
préfère; mais *il faut être d'un comité*. Nul ne peut se dési
téresser des affaires publiques, à moins qu'il ne soit pas
pays.

La politique est un héritage que nous ont laissé les rois
partant. Nous avons été, par ce fait, mis dans l'obligation
nous occuper de nos affaires : c'est la République.

Disons à ceux qui voudraient « *n'être de rien, s'abstenir
tout* » : — Si vous ne faites pas les élections, d'autres les feron
et les feront sans vous et contre vous.

Donc, tous à l'œuvre.

Trève de partis, et la place au plus digne.

Vive la France ! Vive la République !

Lyon, 31 décembre 1896.

2193S — Lyon, imp Aug. Geneste, 71, rue Molière.